LES TOMBES MILITAIRES

ET

LE SOUVENIR FRANÇAIS

EN TUNISIE

par le Général DOLOT

1881-1923

Imp. G. GUINLE -- TUNIS

LES TOMBES MILITAIRES

ET

LE SOUVENIR FRANÇAIS

EN TUNISIE

Sans avoir la prétention de fournir un chapitre à l'histoire de la Tunisie, ces pages ne forment qu'un répertoire, où l'on pourra trouver où, quand, comment, et par qui ont été recueillis les restes des militaires français qui y sont morts depuis 1881, et de quelle façon sont honorées les victimes de la grande guerre qui reposent dans les cimetières de la Régence.

LES TOMBES MILITAIRES

ET

LE SOUVENIR FRANÇAIS

EN TUNISIE

L'occupation de la Tunisie ne coûta à la France que des pertes très faibles causées par le feu. Une douzaine d'hommes seulement ont été tués avant la signature du traité de Kassar-Saïd et, au bout de six semaines, lorsqu'on disloqua le corps expéditionnaire, on ne comptait encore que 32 tués.

Au cours des mouvements insurrectionnels qui se produisirent sur divers points, les troupes d'occupation eurent à subir de nouvelles pertes ; mais en somme, lorsqu'au bout d'une année, le corps expéditionnaire fut définitivement rapatrié, ne laissant qu'un corps d'occupation d'une dizaine de bataillons, les pertes en tués ne s'élevaient au total qu'à 66.

Mais, à côté de ce chiffre minime, c'est par centaines qu'il faudrait compter les pertes résultant des maladies, fièvres, typhus, dysenterie, qui éprouvèrent durement des troupes non acclimatées. Pour en connaitre le chiffre exact il faudrait recourir aux archives du Ministère de la Guerre. Nous trouvons des témoignages irrécusables de ces pertes dans le nombre des tombes qui ont jalonné les étapes des colonnes et marqué l'emplacement des camps occupés provisoirement en attendant l'installation des garnisons.

Pour ne citer qu'un exemple, en Kroumirie, afin de relier Aïn-Draham à la voie ferrée, il était indispensable d'établir à mi-chemin un gîte d'étape susceptible d'une certaine résistance. Sur un mamelon, en lisière de la forêt, autour du chêne centenaire de *Fernana*, dont le tronc mesurait près de deux mètres de diamètre, se tenait chaque semaine un marché important. Ce point, qui paraissait s'imposer, fut occupé pendant le second semestre de 1881. Au pied du mamelon coule l'oued Bou-Heurtma, entre deux rives fleuries de lauriers roses. En six mois la fièvre fit 35 victimes qui demeurèrent ensevelies sur un tertre voisin, où une inscription, qui vient d'être renouvelée sur une plaque de marbre, rappelle les noms des corps de troupes qui furent si durement éprouvés.

Le 24 décembre 1881, le Commandant Abria adressait ses adieux à ces malheureux et transportait le camp plus haut, en pleine forêt, sur un point qu'on a appelé à juste titre le Camp de la Santé, car son emplacement n'a été marqué par aucune tombe.

A *Ellès*, entre Le Kef et Maktar, le cimetière ne renfermait pas moins de 23 tombes, qui ont été relevées depuis et dont les restes ont été transportés dans le cimetière militaire de Souk-el-Djemaa.

A *Béja*, avant d'évacuer le camp du Dar-el-Bey, la Compagnie mixte a élevé dans le cimetière un monument témoignant de l'importance des pertes qu'elle y avait subies, et sur le chiffre exact desquelles on n'a pas pu recueillir de renseignements.

Béja

Au camp d'*El-Ayaïcha*, évacué en 1890, le cimetière éloigné de toute route fréquentée était demeuré dans un état d'abandon déplorable, dont témoigne la photographie ci-contre prise en 1914. Après avoir entouré d'une murette solide la croix qui demeure comme un témoin de l'occupation, on a relevé une soixantaine de tombes de la 1re compagnie de discipline

El-Ayaïcha

et de la 5ᵉ compagnie mixte et on en a transporté les restes dans l'ossuaire de Gafsa.

De ces camps on pourrait en citer beaucoup d'autres ; mais les tombes se sont surtout multipliées près des hôpitaux improvisés pendant cette première période d'occupation.

Au *Kram* on ne comptait pas moins de 410 tombes, à *La Manouba* 250.

Dans chacun de ces groupes de tombes, les troupes avaient élevé des monuments sommaires, avec quelques stèles ou colonnes trouvées sur place ; mais, au bout de quelques années, la plupart des tombes se trouvèrent dans un état lamentable : les inscriptions difficiles à déchiffrer sur de vieilles croix noires ne rappelaient plus rien à personne : ni parents, ni amis, ni camarades ne sont là, ayant connu ces malheureux disparus : ils n'ont plus de personnalité ; aujourd'hui ils sont en quelque sorte anonymes : chacun d'eux est devenu le soldat inconnu qui ne devait à son pays que quelques années de service et qui lui a donné sa vie.

Tous méritent notre reconnaissance ; notre respect est dû à leurs restes ; mais l'entretien de toutes ces tombes à perpétuité n'était ni réalisable ni même désirable.

Le meilleur moyen d'honorer ces victimes du devoir c'était de réunir leurs restes dans des ossuaires surmontés de monuments, qui, par leur durée, perpétueraient leur souvenir.

Pour les tombes éparses dans le bled, en dehors des cimetières, cette mesure s'imposait, afin de les soustraire à toute violation. Elle devait ensuite s'étendre aux villes de garnison, de manière à dégager les cimetières parfois encombrés, et à réduire une charge d'entretien qui s'accroit chaque jour. A cet entretien les hommes apporteront d'ailleurs d'autant plus de cœur que les tombes qu'ils couvriront de fleurs seront celles de camarades encore connus pour la plupart.

Ce principe fut appliqué pour la première fois à l'ancien camp d'*Aïn-Tunga*, dont l'occupation est rappelée par une inscription gravée au-dessus de la fontaine. En **1894**, le Général Leclerc, commandant la Brigade d'occupation, invita le service du Génie à en transférer les restes dans un ossuaire à élever près du village de *Testour*. Aucun crédit n'était d'ailleurs ouvert à ce sujet; mais les ruines devaient fournir les matériaux nécessaires, en y ajoutant un peu de chaux, grattée sur les entretiens, et

Testour 1894

ne trouve-t-on pas dans les bataillons d'Afrique des ouvriers, des artisans, des artistes même, susceptibles d'exécuter n'importe quel travail. Un indigène céda gratuitement une petite parcelle de terrain en bordure de la route du Kef, à la sortie ouest de Testour. Sur une pyramide quadrangulaire, tronquée, en *opus incertum*, on dressa un cippe portant une inscription et surmonté d'une colonne de marbre brisée portant la hauteur de ce petit monument à 4m50.

Ce fut là le premier pas fait dans la voie où l'on allait s'engager résolument, sur l'initiative du Général Leclerc, qui avait obtenu une promesse de concours du Souvenir Français pour l'érection de monuments commémoratifs, où seraient rassemblés les restes des soldats morts pour la Patrie.

Par une note de service du 12 février 1895, le Général invita les Commandants militaires à rechercher, de concert avec les Chefs du Génie, les moyens de porter remède à l'état de délabrement dans lequel se trouvaient alors la plupart des tombes des militaires morts pendant l'occupation.

On dressa alors une sorte d'inventaire des cimetières militaires abandonnés et des groupes isolés de tombes parfois dépourvus de tout entourage.

On compta ainsi 22 cimetières de garnison, 9 anciens cimetières et 13 groupes de tombes plus ou moins nombreuses.

La tâche était considérable. Pour arriver à l'accomplir, on dut se borner à le faire aussi simplement que possible, en ayant largement recours à la main-d'œuvre militaire. Après examen des nombreux projets présentés on s'arrêta à deux types.

Pour les cimetières de garnison, on proposa la construction d'un monument composé d'une base surmontée d'une pyramide et précédée d'un caveau susceptible de recevoir non seulement les restes des tombes anciennes, mais aussi les ossements à provenir des relèves ultérieures.

Dans les autres cas on indiquait, comme exemple, le petit monument de Testour.

Ces projets fort modestes, évalués, en supposant bien entendu la main-d'œuvre militaire, le premier type à 800 fr., le second à 600 fr., auraient néanmoins entraîné, pour l'exécution de l'ensemble du programme, une dépense d'environ 35.000 fr. : on n'avait pas un centime.

Le 8 juillet 1896 le Général Leclerc, s'adressant au Souvenir Français, présenta, à titre d'indication, les deux types étudiés et, pour commencer, sollicita un crédit de 4.800 fr., destiné à l'érection de trois types n° 1, à Aïn-Draham, Souk-el-Djemaa, Kairouan, et de quatre types n° 2, à Ghardimaou, Mateur et Métameur.

C'est seulement un an après que le Souvenir Français répond au Général qu'à Djerba il a pu déjà directement faire entretenir, par le Capitaine en retraite Hartmayer, les tombes de Djerba et d'*El-Adjim* et demande des renseignements sur *El-Kantara*. Sans répondre à la demande de fonds présentée, le Souvenir Français promet son concours qui, dit-il, pourrait être assuré par la *création* d'un Comité à Tunis.

Jusque là le Souvenir n'avait eu comme correspondants en Tunisie que le Capitaine Hartmayer à Djerba, le Commandant Cellarié à Tunis, et, à son départ, le pasteur Durmeyer ; aucun Comité n'avait été constitué ; on ne disposait donc d'aucune ressource locale.

Le 4 décembre 1897 M. Proust, vice-président de la Municipalité à Tunis et président de la Société fraternelle des Officiers résidant en Tunisie, accepte de constituer le Comité ; mais, surchargé par ses fonctions municipales et par la présidence d'un grand nombre de sociétés, il renonçait trois mois après à cette nouvelle mission.

Entre temps la Municipalité de *Tunis*, voyant son cimetière encombré, réclama la relève des tombes militaires datant de plus de cinq ans.

Pour lui donner satisfaction, le 30 janvier 1898, le Général demanda l'établissement d'un projet d'ossuaire avec monument, lequel s'éleva à 2.000 fr., dont 1.200 pour l'ossuaire et 800 pour le monument. Grâce à un legs du Commandant Ozanne et au produit d'une fête organisée à cet effet, l'ossuaire put être construit deux mois après, sur une concession perpétuelle accordée par la Municipalité ; mais le monument, pour lequel le Général espérait obtenir 800 fr. du Souvenir Français, fut ajourné. On n'eut pas à le regretter, car l'emplacement concédé pour l'ossuaire, dans un carré très encombré, se prêtait mal à l'érection d'un monument qui plus tard put recevoir un emplacement convenable. Sur ces entrefaites M. Proust ayant renoncé à l'accomplissement de son mandat, le Souvenir Français demanda au Général commandant la Division de le remplacer par un officier supérieur. Le

Ossuaire de Tunis [illegible]

Général Leclerc pensa que, par ses fonctions, le Chef du Génie de Tunis, étendant son action sur un territoire assez vaste, où il avait la surveillance du domaine militaire et y disposait de moyens d'exécution pratiques, se trouverait dans des conditions favorables pour représenter le Souvenir Français.

C'est ainsi que je fus appelé, le 21 avril 1898, à remplir cette mission. Comme M. Proust, d'un bon mouvement tout naturel, je crus devoir accepter, ne me doutant pas que, quelques jours après, et plus encore trois mois plus tard, j'allais me trouver complètement absorbé, non par la présidence d'autres œuvres, mais par des devoirs professionnels impérieux.

Sur l'émotion causée par les événements de Fachoda, un télégramme du 27 avril prescrivait de mettre Bizerte à l'abri d'un coup de main et, le 29 juillet, le Ministre ouvrait les crédits nécessaires pour exécuter d'extrême urgence les travaux de défense projetés depuis plusieurs années. Avant de s'occuper des morts, il fallait défendre la Patrie en danger.

Sousse (29)

Jusque vers la fin de 1903, ce fut pour moi une existence fiévreuse : sans perdre un instant, je devais créer de toutes pièces une place de premier ordre : batteries, forts, baraquements, casernements, hôpital, manutention, etc. Plus tard on penserait aux morts.

Heureusement, pendant cette période, suivant l'exemple déjà donné à *Sousse* par la garnison qui avait élevé, en 1895, dans le cimetière militaire cédé à la Commune un monument aux morts de l'occupation, auquel la Municipalité adjoignit un ossuaire en 1896, la Société fraternelle des Officiers résidant en Tunisie se substitua en partie au Souvenir Français.

En 1881, dans la nuit du 28 au 29 août, le Lieutenant-Colonel Corréard, marchant avec deux régiments d'infanterie, un escadron de chasseurs et une section d'artillerie, vers Hammamet, pour dégager cette place menacée par les insurgés, ayant campé à *El-Arbaïn*, dans une région boisée et très mal fréquentée, avait été attaqué par plusieurs mille hommes et forcé de se retirer sur Hammam-Lif. Il avait perdu 7 tués, dont le Lieutenant Jecker, 2 sergents et 3 hommes du 125e d'Infanterie et 1 cavalier du 7e Chasseurs, qui furent enterrés sur place au milieu de la brousse.

El-Arbaïn

Trois mois après le Lieutenant de Goyon, allant rejoindre à Hammamet la Compagnie franche du Capitaine Bordier, trouva la tombe du Lieutenant Jecker saccagée et les cadavres des soldats exhumés et brûlés. Il réunit ces restes dans une sépulture provisoire et le Capitaine Bordier obligea les indigènes à rétablir une tombe sur laquelle une inscription en arabe porta défense d'y toucher sous peine de mort.

Mais ce n'était là qu'une mesure provisoire. La Société fraternelle jugea convenable d'élever à ces braves morts au feu, sur le lieu même du combat, un monument portant le nom de ces victimes. C'est une pyramide quadrangulaire, construite, dit une inscription, avec le concours des enfants et des amis de la France.

Hammamet (189[illegible])

Deux bataillons d'Infanterie envoyés par mer à *Hammamet*, pour y rejoindre la colonne Corréard, y avaient débarqué le 31 août 1881, et l'avaient ensuite évacué le 4 novembre, après y avoir laissé 12 soldats du 20e et du 92e d'Infanterie morts pendant cette première occupation.

Lorsque la Compagnie franche du Capitaine Bordier y revint, le 21 novembre, elle trouva les tombes violées. Le Capitaine frappa le Khalifat d'une amende de 1.200 fr. et le força, dans les 48 heures, à rétablir les tombes dans un cimetière militaire solidement clos de murs et adossé à une courtine contigüe au bastion Est des vieux remparts d'Hammamet.

En 1898, la Société fraternelle des Officiers fit élever au centre de ce cimetière un mausolée portant les noms de ces 12 soldats et sceller dans le mur d'enceinte une plaque de marbre rappelant les circonstances précitées.

Le 3 octobre 1898 eut lieu l'inauguration. Après un service célébré par le R. P. Delattre, le Commandant Bordier, vice-président de la Société fraternelle, prononça une vibrante allocution. Ce cimetière militaire fut remis, en 1914, au Gouvernement Tunisien, pour devenir le cimetière européen, mais concession perpétuelle du mausolée et de la plaque commémorative en faveur du Souvenir Français fut faite par arrêté ministériel du 23 novembre 1918.

A *Kairouan*, lorsque je pris la présidence du Souvenir Français, il existait déjà deux monuments, l'un au centre du cimetière, formé d'un cippe surmonté d'une croix et portant cette inscription : « A la mémoire des soldats français morts à Kairouan », sans autre indication. Je n'ai pas pu savoir qui l'avait élevé ; il était d'ailleurs en fort mauvais état et dut être refait presque en entier, lorsqu'en 1910 fut construit à l'extrémité de l'allée centrale l'ossuaire du Souvenir Français dont il sera parlé plus loin.

A gauche de l'allée centrale, avant d'arriver au rond point, un monument à la mémoire des victimes du combat du 22 septembre 1882 avait été élevé, à l'aide d'une souscription recueillie dans la Compagnie franche, le 6 Hussards, le 136 et le 19 de Ligne de la garnison de Kairouan. Il porte, sur une plaque de marbre blanc, les noms du Lieutenant Le Boucher de Martigny, du 138, 1 maréchal des logis, 1 brigadier et les cavaliers du 6 Hussards.

En face de ce deuxième monument, à droite de l'allée centrale, un troisième a été élevé, en 1901, par la Société fraternelle des Officiers, avec le concours de la ville de Kairouan, des français et des nombreux amis de la France. Il recouvre un ossuaire renfermant les restes de 2 officiers (un lieutenant d'Artillerie et un du 6 Hussards) et de 142 sous-officiers ou soldats ayant appartenu à 8 régiments d'Artillerie, 15 régiments d'Infanterie

Kairouan

et 4 autres corps, morts pour la France, de 1881 à 1901, à Kairouan, *Sidi-el-Hani* et *Djilma*, dont le camp avait été évacué en 1889.

Kairouan

On verra plus loin que le poste de Sidi-el-Hani, réoccupé depuis, a été pourvu lui-même d'un ossuaire en 1923.

Pendant la période de cinq années, s'écoulant de 1899 à 1903, je n'ai pu construire que deux ossuaires, dont un sans monument.

Kairouan (190[illegible])

A *Aïn-Draham*, le cimetière du 18e, éloigné du camp, peu accessible et clos par un mur de hauteur insuffisante, renfermait une quinzaine de tombes et était abandonné, comme celui du 32e. Un nouveau cimetière avait été créé sur les pentes Nord du mamelon occupé par le Service des Renseignements puis par celui du Génie. Il convenait d'y transférer les restes des deux cimetières précités. Pour cela, par main-d'œuvre militaire, on construisit un simple ossuaire, ajournant à des temps meilleurs l'érection d'un monument qui, commandé en 1907, ne fut élevé qu'en 1909, après extraction et taille, au Kef, par le Bataillon d'Afrique, de la pierre de taille qui fait complètement défaut dans la région d'Aïn-Draham.

La colonne qui occupa *Mateur* pendant quelques mois, en 1881, n'eut qu'un cavalier tué au début dans une reconnaissance, mais perdit, par les fièvres, un Capitaine du 30 Bataillon de Chasseurs et 19 hommes appartenant à divers corps d'Infanterie et de Cavalerie. Ils furent inhumés sur les bords de l'oued Djoumine qui, lors de ses crues, rongeait les berges et menaçait d'emporter les tombes.

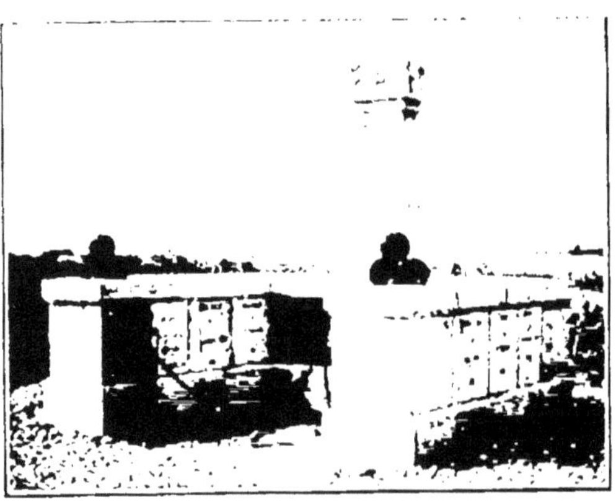

Mateur 1906

La population française de Mateur s'émut de ce danger et ouvrit une souscription qui permit tout d'abord de construire un ossuaire dans le cimetière européen. Pour le monument on fit appel à la générosité des Bizertins et, en 1903, le Souvenir Français put en assurer l'exécution.

Sur les bords de l'oued Djoumine chaque tombe était marquée par une pierre cubique avec inscription ; seule celle du Capitaine avait été traitée moins sobrement. Il a paru à la fois simple et touchant de réunir toutes ces pierres sur l'ossuaire, en dressant au centre la stèle élevée, en 1881, au Capitaine Tisseyre par ses camarades du 30e Bataillon de Chasseurs.

Faute de garnison pour inaugurer ce monument avec la solennité convenable, on attendit une occasion qui ne se présenta que lors des manœuvres de 1905, le 30 septembre.

Vers la fin de 1903, 15 millions avaient déjà été dépensés à Bizerte : la plupart des ouvrages de défense étaient à peu près terminés, les établissements militaires étaient en bonne voie et j'étais admirablement secondé par mes collaborateurs : je pus enfin m'occuper de la mission que j'avais acceptée de représenter le Souvenir Français.

Je devais tout d'abord constituer un Comité. Au lieu de chercher à grouper quelques personnes de bonne volonté, mais sur lesquelles je n'aurais eu aucune autorité, ni exercer la moindre pression, sous la présidence d'honneur du Résident Général M. Pichon et du Général Roux, commandant la Division, avec leur assentiment, je pris comme délégués, non pas MM. X et Y, mais les titulaires de fonctions civiles et militaires, pour les premiers les Contrôleurs civils et pour les seconds les Chefs du Génie. Je disposais ainsi d'agents permanents susceptibles de me seconder efficacement, les premiers surtout au point de vue financier, les seconds pour l'exécution des travaux. Pour les uns comme pour les autres leur collabotion prenait en quelque sorte le caractère d'un service commandé.

Bien entendu, à la suite du Résident et du Général, auxquels vinrent s'ajouter ultérieurement le Préfet maritime et l'Archevêque primat d'Afrique, figuraient, comme membres d'honneur, les Généraux et les hauts fonctionnaires du Protectorat. La charge de trésorier fut remplie par le Directeur d'un établissement financier et plus tard par cet établissement lui-même. Comme dans toute Société, j'avais crus devoir désigner un secrétaire ; mais pratiquement je trouvai toujours plus simple et plus rapide d'en assurer moi-même le service, plutôt que de le convoquer, pour lui exposer ce qu'il aurait à écrire : il n'y a plus de secrétaire.

Cette façon de procéder est peu conforme, je l'avoue, aux usages et aux statuts ; mais elle assure l'unité de vues et de commandement et la suite dans l'exécution d'un programme préalablement arrêté. Cette organisation parait avoir fait ses preuves par les résultats réalisés au cours des années suivantes.

Sitôt le Comité constitué, des circulaires furent lancées aux Délégués et aux Chefs de Corps, afin de faire appel à la générosité de tous pour l'entretien de nos tombes, soit en enrôlant des membres dans la Société, soit en recueillant des souscriptions.

En raison de la composition spéciale de la population, de son défaut de stabilité et aussi de la mobilité des troupes de garnison, le nombre des membres permanents fut assez restreint et ce furent surtout les souscriptions qui abondèrent, même parmi les indigènes sollicités par les Contrôleurs civils.

Quoiqu'il en soit, à ce premier appel répondirent près de 1.800 fr. La même procédure fut répétée chaque année jusqu'en 1914, où, en présence des secours réclamés impérieusement par les blessés, nous avons cru devoir cesser de tendre la main pour les morts, qui pouvaient attendre.

Au sujet des sommes ainsi récoltées sur tout le territoire de la Régence, il est à remarquer que, toute proportion gardée, ce sont les régions du bled les plus éloignées qui se sont montrées les plus généreuses : c'est que c'est là que l'on sent le plus l'utilité de la protection de l'armée et qu'on éprouve le plus de reconnaissance pour ceux qui l'assurent. Dans les grandes villes l'attrait des plaisirs fait facilement oublier les morts.

Dès le mois de janvier 1904, je rappelais instamment au Souvenir Français la promesse faite six ans au paravant au Général Leclerc pour le monument devant compléter l'ossuaire de *Tunis* et je demandais à *Bizerte* un emplacement pour le monument à élever de pair avec celui de Tunis, et pour le groupement des tombes militaires.

Pour cette dernière demande satisfaction fut facilement obtenue ; mais, avec le Conseil d'administration du Souvenir Français les pourparlers furent assez laborieux : ce n'était plus 800 fr. que je réclamais, pour élever à Tunis une modeste pyramide qui pouvait convenir pour les cimetières des petites garnisons. Pour Tunis et pour Bizerte il fallait quelque chose de monumental. J'obtins

Tafel 19

enfin que, moyennant le versement de 1.200 fr., le Souvenir Français me ferait envoyer, en 1905, par la maison Durenne, deux grandes statues en fonte d'art bronzée d'une valeur environ quatre fois supérieure.

Ce fut, pour Tunis, le « Porte Drapeau », reproduction d'une belle allure d'un morceau détaché du monument de Chanzy élevé au Mans par Croisy.

Bizerte reçut le « Pro-Patria » de Millet de Marcilly.

Bizerte [illegible]

Ces statues exigeaient des soubassements convenables et de plus Bizerte n'avait pas encore d'ossuaire. Des souscriptions et des représentations procurèrent les fonds nécessaires. Le monument de Tunis put être inauguré l'année suivante et celui de Bizerte le 29 octobre 1907.

En 1905, la terrible catastrophe du « Farfadet » avait causé une émotion considérable et provoqué la constitution d'un Comité, pour l'érection à *Ferryville* d'un monument à la mémoire de ces infortunées victimes du devoir. Le Souvenir Français ne pouvait pas manquer de prendre part à cette manifestation, en contribuant à l'érection de ce monument qui fut inauguré le 10 janvier 1909 et commémora en même temps la catastrophe du « Lutin ».

Ferryville 1909

Au cours de l'année 1906 j'avais pu relever les 83 tombes provenant de l'occupation de *Ghardimaou* en 1881 et 1882, et en réunir les restes sous un massif constitué par l'assemblage des pierres tumulaires et colonnes recueillies sur une partie de ces tombes.

D'autre part, dans le Sud, les travaux de la Compagnie Sfax-Gafsa avaient fait découvrir, à *Ras-el-Aïn*, la tombe du maréchal des logis du Train Randondi, mort du choléra en 1893. Ses restes furent transportés dans le cimetière le plus voisin, à *Metlaoui*, où la nouvelle tombe est entretenue par la Compagnie des Phosphates.

Le Kef (1907)

Le cimetière du *Kef* était encombré. Avec la participation de la Société fraternelle des Officiers et le concours de souscriptions recueillies dans le 3ᵉ Bataillon d'Infanterie légère d'Afrique, le Souvenir Français put élever, en 1907, un ossuaire avec monument du type n° 1 et y recueillir les restes des tombes militaires, à l'exception de quatre tombes d'officiers, dont les pierres funéraires en parfait état peuvent être conservées pendant de nombreuses années.

En 1903, le cimetière militaire de *Gafsa* fut cédé au Gouvernement Tunisien ; pour le dégager le Souvenir Français fit construire un ossuaire avec monument du même type qu'au Kef et y déposa les restes de 300 tombes datant de plus de dix ans.

Sauf dans les grandes villes, il n'y avait alors partout que des cimetières militaires créés au moment de l'occupation ; lorsque les européens, fort rares au début, mais de plus en plus nombreux venaient à mourir, le Commandant d'Armes autorisait leur inhumation dans le cimetière militaire. Peu à peu le nombre des tombes civiles arriva à dépasser celui des tombes militaires. Sur plusieurs points une cession s'imposait : celle du cimetière de Gafsa ouvrait une ère nouvelle ; le Souvenir Français pouvait tirer parti de cette situation.

A *La Manouba*, non loin de l'hôpital temporaire dont il a été question plus haut, il avait été créé, en 1881, un cimetière militaire renfermant 250 tombes, auxquelles aucune tombe militaire ne venait plus s'ajouter depuis longtemps. Le Gouvernement Tunisien demanda la cession ; j'intervins en réclamant pour la relève, une indemnité de 1.000 fr. qui me fut accordée et, grâce à l'emploi de la main-d'œuvre militaire, me permit de réaliser un bénéfice appréciable.

Le cimetière européen de *La Goulette*, contigü au cimetière militaire du *Kram*, exigeait une extension ; je provoquai la cession de ce dernier, en demandant que la Municipalité prît à sa charge les dépenses nécessaires pour commémorer le souvenir de 410 militaires victimes de l'occupation.

Autour d'une colonne antique, qui marquait déjà le centre du cimetière, furent groupés, dans une concession perpétuelle, une dizaine de petits monuments funéraires en bon état, dont celui d'un Capitaine et de deux sous-officiers et, près de leurs anciens chefs, on réunit, dans un double ossuaire, les restes de leurs compagnons d'armes.

Kram - La Goulette (19[illegible])

A *Aïn-Draham*, l'ossuaire construit en 1907 put enfin recevoir la pyramide exécutée au Kef et transportée par convoi à Aïn-Draham.

A *Gabès*, il existait un ancien cimetière datant de l'occupation, situé en lisière de l'oasis et renfermant 216 tombes. En 1909, le Commandant d'Armes demanda la désaffectation de ce cimetière, dont on pouvait faire un jardin potager pour la troupe.

En faisant valoir le nouveau parti qui serait tiré du terrain évacué, j'obtins du Ministre de la Guerre qu'il prit à la charge de son département la construction d'un ossuaire avec monument du type n° 1, dans le nouveau cimetière militaire compris dans le groupe défensif du camp, et appelé d'ailleurs, comme on le verra plus loin, à être désaffecté en 1918, pour l'extension de l'aérodrome du service de l'aviation.

Cet ossuaire fut ainsi élevé sans dépenses pour le Souvenir, mais des difficultés d'ordre sanitaire firent ajourner à 1915 les exhumations qui furent faites par des prisonniers indigènes.

Gabès (1915)

A *Kairouan*, en 1902, la Guerre avait cédé son cimetière à la Municipalité, en en réservant toutefois une partie pour les inhumations militaires. Cette clause n'avait pas été respectée. Ayant constaté qu'il ne restait plus aucune place disponible pour l'Armée, je demandai et j'obtins qu'il fût passé une nouvelle convention basée sur les conditions suivantes : la Municipalité prendrait à sa charge la construction d'un ossuaire avec monument, à l'extrémité de l'allée centrale, réparerait les trois monuments dont il a été question plus haut, et, outre les concessions perpétuelles concernant les quatre monuments précités, réserverait, de part et d'autre du nouvel ossuaire, une bande de terrain de cinq mètres de largeur pour les inhumations militaires ultérieures. En échange l'autorité militaire s'engageait à procéder à la relève de 128 tombes remontant à 1882, ce qui dégagerait le cimetière.

Autour du nouvel ossuaire construit en 1910 on a groupé, comme on l'avait fait à Mateur, toutes les pierres recueillies sur les tombes relevées et dignes d'être conservées.

Kairouan (1910)

A *Sfax* la désaffectation et l'expropriation de l'ancien cimetière se trouvant nécessitées par la construction de la gare du chemin de fer, les Travaux publics tranférèrent les restes de 41 tombes dans un ossuaire qu'ils construisirent dans le nouveau cimetière. Il fallut insister auprès de cette Administration, pendant près de deux ans, pour obtenir que cet ossuaire fût complété par la pyramide du type n° 1.

En 1911 on signala à la *Skira*, près de la route de Sfax à Gabès, les tombes d'un officier et de deux hommes, on procéda à leur relève et au transfert dans l'ossuaire de Gabès.

A *Tabarka*, en 1905, la Guerre avait remis au Gouvernement Tunisien son nouveau cimetière, en y réservant le rectangle Est, de 42m60 sur 16m20 pour les tombes militaires. La partie affectée aux civils étant devenue insuffisante, la Municipalité se préoccupa de créer un nouveau cimetière et se heurta à certaines difficultés. Mis au courant de cette situation, je proposai de faire renoncer par la Guerre à la réserve stipulée en 1905, à la condition que la Municipalité construirait, dans l'ancien cimetière militaire, un ossuaire avec monument n° 1, dans lequel seraient déposés les restes du nouveau et de l'ancien cimetière ; ce dernier étant ainsi dégagé pourrait servir à tous les besoins ultérieurs de l'Armée. C'était encore un ossuaire réalisé sans dépense pour le Souvenir Français, par une combinaison à la fois avantageuse pour la Municipalité, qui toutefois se fit tirer l'oreille et ne s'exécuta que deux ans après, en 1915.

En 1914, le Souvenir Français fit construire dans le cimetière de *Souk-el-Djemaa* un ossuaire du type n° 1 pour y recevoir les restes des 23 militaires inhumés à *Ellés*, dont les tombes furent relevées l'année suivante en 1915.

Depuis la construction du monument de *Tunis*, qui avait été inauguré le 27 octobre 1906, chaque année le 1er novembre, le Général commandant la Division, accompagné d'une députation de tous les Corps de troupes de la garnison, visitait les tombes militaires, dont le groupement se fait remarquer par leur belle tenue. Elles sont pieusement entretenues et fleuries par les troupes de la garnison et tout particulièrement par le 4e Zouaves, auquel le Souvenir Français a témoigné sa reconnaissance en lui décernant une médaille d'argent le 1er novembre 1913. En outre, grâce à la générosité de la Municipalité de Tunis, qui abandonne au Souvenir les entourages non réclamés par les familles, lors de la relève des carrés désaffectés, toutes les tombes militaires sans exception sont pourvues d'un entourage métallique.

J'ai invité d'autres Municipalités à suivre ce bel exemple.

En 1914 la cérémonie du 1er novembre prit un caractère tout particulièrement imposant : les Sociétés italiennes et anglo-maltaises joignirent leurs hommages aux nôtres, apportant leur témoignage de l'Union sacrée de tous ceux qui versaient leur sang pour la cause de la Liberté, et affirmant avec nous leur confiance dans la victoire.

Cimetière militaire de Tunis

En 1916, dans le cimetière de *Ferryville* se dressaient déjà un très grand nombre de croix sur les tombes des malheureux Serbes qui, épuisés par les blessures, les fatigues et les privations de toutes sortes, étaient venus mourir à l'hôpital de la Marine de Sidi-Abdallah.

Le 15 novembre, jour des morts de la religion orthodoxe, une cérémonie religieuse eut lieu au cimetière : après les prières du pope, les chants religieux des soldats serbes et la distribution des gâteaux lithurgiques faisant communier en quelque sorte tous les assistants, des discours du Préfet Maritime et du Président du Souvenir Français adressèrent l'hommage qui était dû à l'infortuné peuple Serbe.

A la fin de 1914, pour réprimer l'insurrection de quelques tribus rebelles appuyées par les Tripolitains affranchis du joug de l'Italie, la Division avait dû occuper, sur la frontière de l'Extrême-Sud, le poste de *Déhibat* et jalonner sa piste d'accès, en créant les postes de *Remtsa*, *Fatmassia*, *Rémada* et *Oum-Souirh*. Les postes de Remtsa et d'Oum-Souirh furent assiégés et plusieurs combats entraînèrent des pertes notables.

D'autre part, dans ces postes perdus au milieu des sables du désert, la vie fut particulièrement dure pour les Territoriaux âgés et les Joyeux malingres qui les occupèrent.

A peine installé, chaque poste dut s'annexer un cimetière, où manquaient même les croix de bois réglementaires. La peinture dévorée par le soleil et rongée par le sable n'aurait pas pu résister longtemps à ces actions délétères. Au lieu des inscriptions peintes, je pensai à employer des plaques de zinc, sur lesquelles les noms et les autres indications pouvaient être imprimés en creux.

Dehibat 19[illegible]

et j'envoyai dans ces postes les plaques de zinc et les jeux de lettres nécessaires.

Plus tard, pour remplacer le bois, profitant des qualités de résistance que présente le plâtre susceptible d'être fabriqué sur place avec un gypse hydraulique, j'envoyai des paquets de chanvre, pour fabriquer des croix en plâtre armé, en staff.

Remtsa 19[illegible]

Par ces artifices, mais grâce surtout

au pieux dévouement de tous, on a pu créer dans ces postes du désert des cimetières qui ont fait mon admiration, au cours d'une tournée que j'ai pu faire dans cette région en 1917.

Fatmassia (1915)

J'en ai rapporté les photographies ci-contre, qui, plus éloquemment que toute description, témoignent de ce qui a pu être fait dans le Sud Tunisien. On remarquera notamment le joli monument en ciment élevé à Oum-Souirh, par le 126e Territorial, aux camarades tués dans les combats des 25 et 26 septembre 1915.

Oum-Souirh (1916)

Aujourd'hui le calme étant rétabli, ces postes sont évacués, à l'exception de Rémada, où demeure une annexe des Affaires indigènes, et de Déhibat occupé par un goum. Les cimetières de Remtsa, de Fatmassia et d'Oum-Souirh, où reposent une centaine des nôtres, ne sauraient demeurer abandonnés au milieu des sables d'une région désertique, exposés à être violés par les nomades ou tout au moins par leurs troupeaux.

Les cinq années exigées pour l'exhumation des tombes

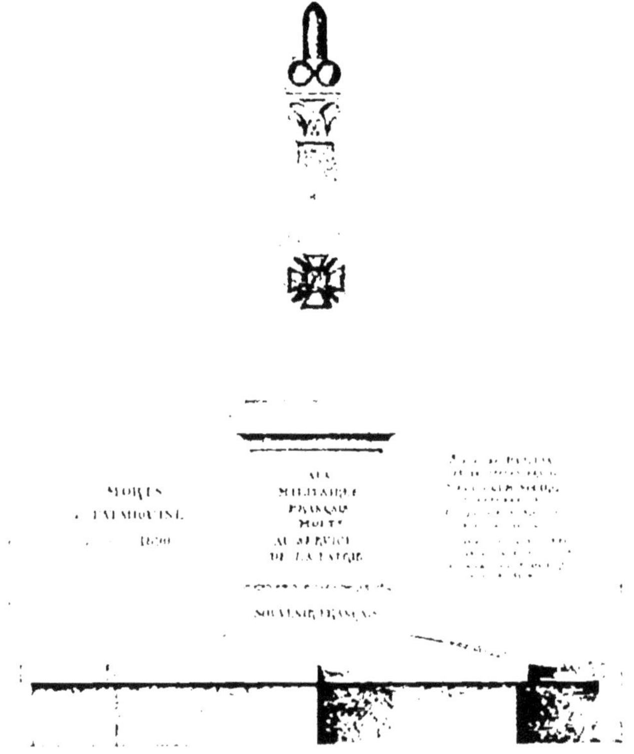

Tatahouine [illegible]

les plus récentes sont écoulées : on va pouvoir procéder à une relève générale et réunir les restes de tous ces malheureux dans un ossuaire en cours d'exécution à *Tatahouine*, qui rappellera les combats de Remtsa, d'Oum-Souirh, de l'Oued-Somna et de Moghri. Ce sera le dernier terme de la série que nous sommes proposés de réaliser.

Toutefois on conservera sur place, après les avoir protégés par des clôtures solides, les monuments d'Oum-Souirh et de Remtsa.

En 1917, à Dehibat, dont le cimetière était le plus important, on a construit un ossuaire, pour lequel le Souvenir a envoyé une plaque de marbre de 0m60 sur 0m55.

Ben-Gardane, où les Affaires indigènes étaient installées depuis plusieurs années, fut occupé militairement en même temps que les postes du Sud précités. Le cimetière renferme quelques tombes recouvertes d'une dalle en bonne pierre de taille facile à travailler. C'est l'œuvre de la garnison qui, par ses propres moyens, a pu rendre ces honneurs aux camarades emportés par les maladies. Tout est en parfait état et n'exige aucun entretien. Il n'y a rien à faire dans ce poste.

En 1918, l'agrandissement du camp d'aviation de *Gabès* nécessita la disparition du cimetière militaire dont la plupart des tombes venaient d'être relevées. Les restes en avaient été déposés dans l'ossuaire construit en 1910, aux frais de la Guerre, à la suite de la désaffectation de l'ancien cimetière de l'oasis. Le Souvenir Français obtint que la Guerre supportât les frais du transport de l'ossuaire sur une concession perpétuelle accordée dans le cimetière civil.

A *Tunis* les familles des victimes de la guerre furent autorisées à sceller sur le mur d'enceinte, de part et d'autre de notre monument, des plaques commémoratives des morts pour la Patrie.

A la suite de l'insurrection de Sfax en juin 1881, *Mahdia* avait déjà recueilli plusieurs de nos morts notamment une sœur de Saint-Joseph, Clémence Tharid, décédée à bord de l'*Alma* en fuyant Sfax. Sa sépulture jointe à celles du Capitaine Boyer et des militaires du 71e de Ligne et du 27e Bataillon de Chasseurs morts à Mahdia en 1882, forment un groupe de neuf tombes, au centre duquel fut élevé par la garnison un monument portant les dates 1881-1882.

Mahdia 1881-1882

En 1918, on recueillit sur la plage de Mahdia neuf corps rejetés par la mer, à la suite d'un torpillage, dans un état de décomposition ne permettant pas de les identifier. La

Municipalité a assuré leur sépulture et élevé, près de leurs tombes, un monument commémoratif à ces victimes inconnues.

Mahdia 1918

Le 1er novembre 1918, à Tunis, pour la première fois, à nos paroles de deuil se mêlèrent des chants de triomphe affirmant notre confiance dans la victoire finale.

En 1919 le Souvenir fit élever à *Médenine*, en partie par main-d'œuvre militaire, un ossuaire du type n° 1, destiné notamment à recevoir les restes du cimetière de *Métameur* appelé à disparaître et supprimé depuis.

A *Ferryville* les tombes s'étaient multipliées de plus en plus : on en comptait près de 3.000, dont le plus grand nombre portaient des noms de serbes.

Sans attendre l'expiration des délais légaux, exigés pour la relève d'un si grand nombre de tombes, que l'on ne pouvait pas songer à entretenir éternellement, reprenant mon ancien métier de constructeur, je rédigeai le projet d'un ossuaire de 50 ' surmonté d'un monument de style grec, dont la photogravure ci-après peut donner une idée.

Ferryville (1920)

A priori ce projet pouvait paraître susceptible d'excéder les ressources disponibles ; mais, d'une part, représentations et quêtes apportèrent un appoint appréciable, et, d'autre part, l'emploi du ciment armé, le dévouement et l'habileté technique de M. Granger, Officier des travaux de la Marine, qui avait bien voulu être notre Délégué et en cette circonstance se montra un chef de chantier parfait, enfin le concours généreux de plusieurs entrepreneurs de la Marine ont permis d'ériger le monument qui fut inauguré solennellement le 1er novembre 1920, par le Préfet maritime, et fut l'occasion de la remise d'une médaille d'argent à M. Granger.

Mais n'anticipons pas : nous ne pouvons pas omettre de rappeler deux faits importants marquant l'année 1919.

Par une convention du 8 octobre, le Ministre de la Guerre, confiait au Souvenir Français l'entretien des tombes de la guerre situées en dehors du front et, pour cela, mettait à sa disposition 5 fr. par tombe de militaire décédé au cours de la campagne.

Cette somme, grâce à l'emploi, pour les menus travaux d'entretien, de la main-d'œuvre militaire qui n'a jamais été refusée, allait permettre de terminer à brève échéance l'accomplissement du programme poursuivi depuis 1898 et plus spécialement depuis 1904.

Le 2 novembre 1920, était célébrée, à *Tunis*, comme dans toutes les villes de France, la première fête de la Reconnaissance Nationale, avec toute la solennité possible. Les années précédentes le Général commandant la Division passait la revue de ses morts : aujourd'hui c'est fête nationale. Après les services religieux célébrés par les différents cultes, au pied du monument du Souvenir

Français viennent se grouper, autour du Résident Général, du représentant de S. A. le Bey et du Général commandant la Division, les Consuls généraux des nations alliées, les représentants des Corps élus, et des Administrations du Protectorat, des députations des Sociétés nées de la guerre : Veuves, Orphelins, Mutilés, Croix rouges, etc., qu'on ne saurait énumérer, enfin, des Ecoles, dont les enfants sont venus prendre une inoubliable leçon de courage, de dévouement et d'abnégation.

Pour une pareille fête le cadre était trop étroit. Devant notre monument adossé au mur de clôture du cimetière ne s'ouvrait en effet qu'une simple allée de 9 mètres de largeur. Heureusement l'agrandissement prochain du cimetière allait permettre de porter remède à cette situation.

D'accord avec la Municipalité toujours soucieuse d'honorer nos morts, il fut convenu que le « Porte Drapeau » serait déplacé, de manière à ménager en avant un espace suffisant pour recevoir à l'avenir tous les groupements appelés à participer à la Fête Nationale.

Les travaux devaient d'ailleurs être exécutés à frais communs par la Ville et le Souvenir Français.

Après entente avec l'architecte distingué qu'est M. Victor Valensi, un projet fut arrêté, comportant en avant de notre monument surélevé de quelques marches un hémicycle de 35 mètres de diamètre limité par deux séries de stèles terminées par de grands pylônes portant sur des plaques de marbre les noms de tous les enfants de Tunis morts au champ d'honneur.

Le tout est enveloppé d'un rideau de cyprès. En outre les terrains avoisinants furent affectés aux sépultures

Tunis 1890

TUNIS 1920

militaires qui se trouveront ainsi groupées autour du monument aux morts et lui formeront un cortège imposant.

Remise solennelle de ce monument grandiose fut faite par la Municipalité au Souvenir Français, au début de la fête de la Reconnaissance de 1920, qui, cette fois, put être célébrée avec toute l'ampleur désirable. Chaque année on retrouve là un cadre convenable pour cette cérémonie patriotique, qu'on ne saurait rendre trop imposante.

Vers cette époque, avant de quitter *Bizerte*, où, à la suite de leurs terribles épreuves, ils avaient reconstitué

Bizerte-Chapelle des Serbes (1920)

une petite, mais si vaillante armée, les Serbes avaient, au moyen d'une souscription, élevé, dans le cimetière qui leur avait été affecté à côté du cimetière civil de la ville, une chapelle funéraire avec un ossuaire de 20^{m3} destiné à recevoir ultérieurement les restes de ceux des leurs qui étaient morts sur notre terre hospitalière. Les noms des Officiers y sont gravés à l'intérieur sur des plaques de marbre. Sur les parements extérieurs vont être inscrits les noms de 570 Serbes qui reposeront dans l'ossuaire (1).

Houmt Souk (1922)

La garde de ce monument fut confiée au Souvenir Français par le Colonel Michel, commandant les troupes serbes. Construit à la hâte avec des matériaux de qualité douteuse, il menaçait ruine dès 1923 : le Souvenir dut en refaire la terrasse.

Au cours de 1920, à *Houmt Souk*, une plaque de marbre

(1) Des inscriptions semblables faites sur les monuments de Tunis et de Ferryville rappelleront le Souvenir des 127 Serbes morts à Tunis et des 177 de Sidi-Abdallah.

portant les noms de cinq enfants de *Djerba* victimes de la guerre fut placée par les habitants sur le monument élevé en 1884 par la garnison et renfermant les restes des morts de l'occupation enterrés à *Adjim* et à *El-Kantara.*

D'autre part on avait transféré dans l'ossuaire de Médenine les restes de trois tombes d'*El-Hamlia* et une d'*Ouhamia*, enfin dans celui de Gabès celles de six autres provenant d'*El-Haffey*.

En 1921, un ossuaire avec monument du type n 1 fut construit à *Souk-el-Arba* dont le cimetière commençait à être encombré.

La même année, sur une demande du Caïd de l'Arad, le Souvenir Français participa à l'érection à *Gabès* d'une kouba en l'honneur des soldats indigènes victimes de la guerre; mention de cette participation fut faite par une inscription sur le monument.

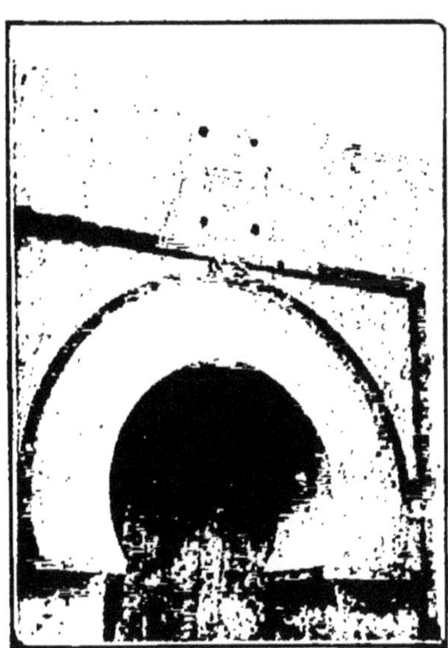

Gabes (1921

Le 13 mai 1921, *Tunis* recevait huit de ses enfants morts sur le front, qui, après des discours émouvants du Président de la Municipalité, du

Général commandant la Division et du Résident Général et un service solennel à la Cathédrale, allèrent reposer

Tunis. [illegible]

dans le cimetière du Belvédère, les uns dans des

caveaux de famille et les autres dans les concessions perpétuelles réservées pour eux à côté des grands pylônes du nouveau monument.

Les tombes de ces héros ne devaient pas être banales : le Souvenir Français devait les décorer, non pas seulement de fleurs éphémères, mais aussi d'ornements, de symboles capables de résister à l'action du temps et des intempéries.

En tête de chacun des enclos spéciaux qui leur sont réservés se dresse une stèle de 1m50 de hauteur portant l'inscription « Morts sur le front » entourée d'une couronne en bronze de chêne et de laurier. Sur chaque tombe est plantée une stèle de moindre hauteur, d'un modèle uniforme, ornée d'un casque en bronze lauré, au-dessus de l'inscription particulière à chacune d'elles. Sans distinction de grade, tous égaux dans le sacrifice reçoivent les mêmes honneurs.

Depuis cette époque, à intervalles irréguliers, nous arrive un nombre variable de corps, qui sont conduits au champ de repos avec le même cortège militaire entouré d'une foule recueillie.

En 1922, au milieu du cimetière civil de *Zaghouan* le Souvenir Français a construit un ossuaire, auquel on a donné une forme circulaire, en raison de son emplacement, et qui est surmonté d'une pyramide du type ordinaire.

C'est là que reposent aujourd'hui 21 victimes du combat de *Moghrane* (septembre 1881) qui avaient été enterrées sur place, dans un terrain occupé par la Compagnie des eaux, à 8 kilomètres de Zaghouan.

D'autre part, on conserve l'ancien cimetière militaire créé au pied de la montagne lors de l'installation du poste de Zaghouan. Au milieu de ce cimetière rempli par vingt-neuf tombes la plupart anonymes, mais maçonnées et bien entretenues, se dresse une pyramide sur laquelle le Souvenir a placé en 1913 une plaque commémorative de ces premières victimes de l'occupation.

Zaghouan 1922

On a vu plus haut qu'en 1901 la Société fraternelle des Officiers avait rassemblé, sous un monument élevé à Kairouan, les ossements recueillis dans les camps évacués de *Djilma* et de *Sidi-el-Hani*. Ce dernier étant réoccupé depuis plusieurs années d'une façon permanente, il a paru opportun d'y construire un ossuaire modeste, pour relever cinq tombes du petit cimetière militaire.

On a fait de même à *Hadjeb-el-Aïoun*, également occupé d'une façon permanente : sept tombes y ont été relevées.

A *Téboursouk* est installé, depuis 1900, un pénitencier, sous la garde d'une compagnie d'Infanterie. Les détenus sont enterrés dans le cimetière militaire, comme les hommes de la garnison ; mais il n'a pas paru convenable de mélanger pêle-mêle leurs ossements dans un ossuaire commun : en conséquence on a construit dans ce poste un ossuaire du type n° 1 pour la garnison et un autre plus simple portant mention de son affectation aux détenus.

Sousse 1923

Le carré militaire du cimetière civil de *Sousse* avait été rempli dans le courant de la guerre et on avait déjà dû inhumer 55 sénégalais au milieu des tombes civiles. Une relève s'imposait : on a pris soin d'en exclure 10 tombes, dont les titulaires « morts pour la France » ont droit à une concession perpétuelle et on les a rangées sur une même ligne en haut du carré, en ornant chacune d'elles de l'Epée formant croix, du modèle en fonte adopté par le Souvenir Français.

Des croix semblables sont plantées sur les tombes des « morts pour la France » bordant l'allée conduisant au monument de *Bizerte*.

Le *Camp Servière*, créé en pleine campagne, est éloigné de toute agglomération. Les militaires qui y moururent dans son infirmerie-hôpital furent enterrés à *Fondouk-Djedid*, dans un cimetière voisin de la gare, aujourd'hui si rempli, que les sénégalais morts au camp dans ces dernières années ont dût être enterrés dans le camp même au nombre de 12. Le Gouvernement Tunisien saisi depuis longtemps de cette situation, vient enfin de créer, à Fondouk-Djedid, un nouveau cimetière, dans lequel le Souvenir a construit un ossuaire du type n° 1 permettant la relève de 105 tombes militaires du cimetière actuel.

Le cimetière militaire de *Zarzis*, petit rectangle de 22 mètres sur 27 mètres, situé au bord de la mer, est complètement encombré par 11 tombes anciennes et 12 datant de 1915. Ce cimetière envahi par les sables est à abandonner dès qu'on aura pu disposer d'un ossuaire dans le cimetière civil, où ont déjà été enterrés 12 militaires en 1915 et 1916.

Dès que la relève de 1915 a été possible, des démarches réitérées ont été faites de divers côtés, pour l'exécution de cet ossuaire : on avait obtenu de la Municipalité une concession perpétuelle, en face de la porte d'entrée ; mais, dans ce poste éloigné, on n'a pu trouver ni entrepreneur ni ouvriers. La pierre de taille va être transportée à Zarzis par bateau : la construction ne saurait tarder à être terminée.

A *Fériana*, qui a cessé d'être occupé dès 1895 et dont les constructions ont été remises aux Travaux publics, il était resté quelques tombes militaires entretenues par le conducteur des Ponts et Chaussées. Elles viennent d'être relevées et leurs restes ont été déposés dans un ossuaire construit par le Souvenir auprès du petit monument qui existait déjà.

A *Bordj-Messaoudi*, ancien gîte d'étapes entre Téboursouk et Le Kef, sept tombes étaient alignées le long de la route, à côté de la maison cantonnière et étaient plus ou moins entretenues par les Travaux publics. Ces restes ont été réunis sous une pierre tombale, avec stèle commémorative, dans le jardin même de la maison cantonnière, où leur conservation est assurée.

Le Service des Affaires indigènes a créé un cimetière à *Kébili*, près de son ancien bordj. A côté de quelques tombes civiles, il s'y trouvait quinze tombes militaires dont les restes viennent d'être déposés dans un petit ossuaire, avec ceux d'un militaire du Train inhumé près de Douz.

Après cette longue énumération il convient encore de signaler quelques tombes que l'on n'a pas cru devoir relever, parce que leur conservation paraît assurée dans des conditions convenables.

Dans le cimetière de *Monastir* une dalle de marbre recouvre la tombe d'un Lieutenant de Tirailleurs mort en 1890 et une tombe anonyme renferme probablement les restes d'un aviateur mort en mer en 1917.

A *Tébourba* deux tombes datant de l'occupation se trouvent à l'entrée du champ de manœuvre et contigües au casernement. Elles ont été pourvues d'une clôture les mettant à l'abri de toute dégradation.

Enfin, à *Tozeur*, la tombe d'un Brigadier du Train est adossée au Contrôle civil qui en assure la conservation.

Ainsi se trouve terminée la tâche que l'on s'était proposé de remplir il y a 25 ans.

L'unité et la continuité de vue et d'efforts a permis d'accomplir cette œuvre, avec des ressources relativement minimes, grâce au concours dévoué que n'ont jamais cessé de lui prêter les autorités civiles et militaires et particulièrement le personnel du Génie spécialement désigné pour la direction et l'exécution des travaux.

A tous j'adresse le témoignage cordial de ma vive reconnaissance.

Tunis, le 31 octobre 1923.

Général DOLOT.

TABLE ANALYTIQUE

Cimetières civils avec ossuaire et monument

Cimetières civils avec monument sans ossuaire

Cimetière civil avec tombes sans monument

Cimetières militaires avec ossuaire et monument

Cimetière militaire sans ossuaire avec monument

Cimetière militaire sans ossuaire ni monument

Cimetières militaires supprimés

Cimetières militaires à supprimer

Monuments isolés ou à conserver isolés

Tombes conservées en dehors des cimetières

Tombes relevées en dehors des cimetières

TABLE ALPHABÉTIQUE

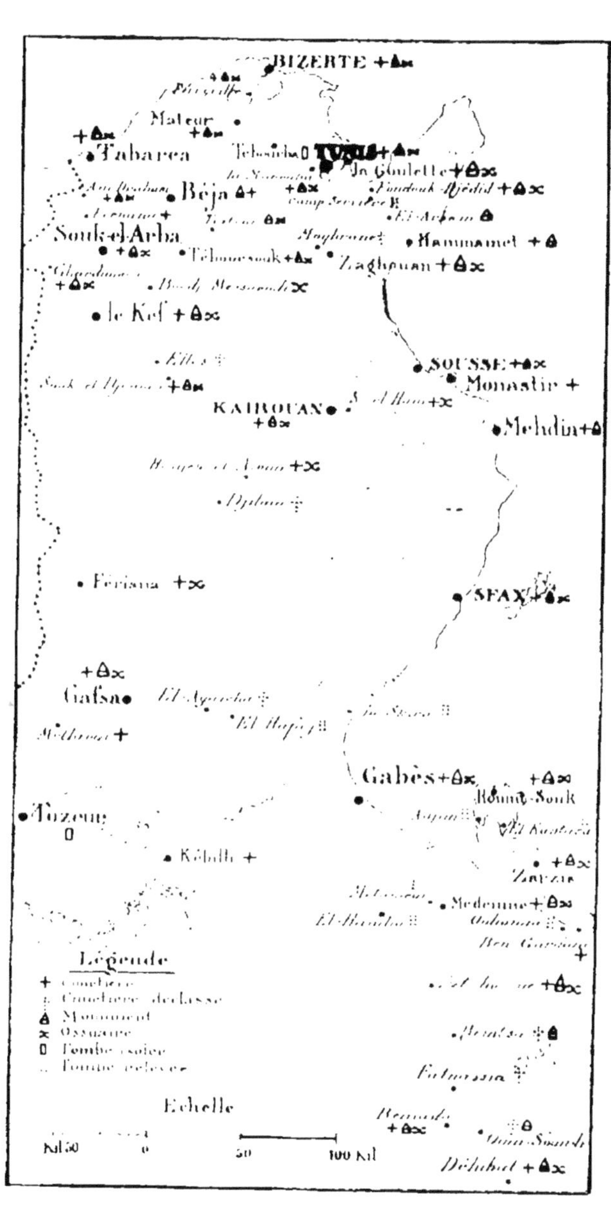

TUNISIE

Cimetières, monuments et ossuaires

www.ingramcontent.com/pod-product-compliance
Ingram Content Group UK Ltd.
Pitfield, Milton Keynes, MK11 3LW, UK
UKHW020410180726
13839UKWH00003B/1284